Niko Cyris

USB Programmierung in Java und C++ mit dem EZ USB AN2131 Baustein und Treiberprogrammierung

GRIN Verlag

Bibliografische Information der Deutschen Nationalbibliothek:

Die Deutsche Bibliothek verzeichnet diese Publikation in der Deutschen National-
bibliografie; detaillierte bibliografische Daten sind im Internet über http://dnb.d-
nb.de/ abrufbar.

Impressum:

Copyright © 2004 GRIN Verlag GmbH
Druck und Bindung: Books on Demand GmbH, Norderstedt Germany
ISBN: 978-3-638-65203-2

Dieses Buch bei GRIN:

http://www.grin.com/de/e-book/32918/usb-programmierung-in-java-und-c-mit-
dem-ez-usb-an2131-baustein-und-treiberprogrammierung

HAWK HOCHSCHULE
FÜR ANGEWANDTE
WISSENSCHAFT UND KUNST

Fachhochschule
Hildesheim/Holzminden/
Göttingen

S t u d i e n a r b e i t

Niko Cyris

Sommersemester 2 0 0 4

Thema:
USB Treiber- / Programmierung und Entwicklung eines USB-Interfaces für den AN2131SC Host-Controller von Cypress und Java Anbindung

Inhaltsverzeichnis :   **Seite :**

1. Einleitung

Bei dem Einsatz von Computer-Peripherie aller Art für den PC ist der "universal serial bus" (USB) als Schnittstelle längst nicht mehr wegzudenken.

Er erleichtert dem Anwender die Installation neuer Geräte wie z.B. Scanner, Videokameras, Druckern ... und ist gegenüber den bisher bekannten seriellen Bus-Systemen ein Kandidat mit einer sehr hohen Datenübertragungsgeschwindigkeit. All diese Neuerungen haben aber auch eine Schattenseite.

Sehr einfache Interfaces und Anschlussmöglichkeiten von kleinen Geräten sind nicht mehr möglich.
Eine Verbindung mit einem USB Gerät herzustellen ist komplex und kann nur mit Hilfe von speziellen Interfacebausteinen und speziellen Treibern bewältigt werden.

Daher möchte ich in dieser Arbeit eine Interfaceplatine vorstellen, mit deren Hilfe es möglich ist, eine einfache Kommunikation mit dem PC über USB herzustellen, um z.B. Messwerte zu übertragen. Ein Schwerpunkt meiner Arbeit ist die Abänderung eines Treibers für eigene USB Geräte, die Ansteuerung unter Windows mit C++ sowie ein Softwareinterface auf Basis der DLL Technologie, um einen Zugriff mit JAVA-Programmen auf den USB zu ermöglichen.

2. Einführung in den USB

2.1. Grundlegendes über den USB

Der USB (Universal Serial Bus) ist ein *serieller Bus*.

Daten werden wie bei der RS232 Schnittstelle nacheinander übertragen.
Im Unterschied zum USB kann die serielle Schnittstelle nur 1 Gerät verwalten. Der USB verwaltet bis zu 127 Geräte. Jedes angeschlossene Gerät hat eine Adresse und kann dadurch gezielt angesprochen werden.

Der USB ist mit dem Begriff „Plug and Play" eng in einen Kontext zu bringen. Geräte können während der Laufzeit des Computers angeschlossen oder entfernt werden. Das entsprechende Betriebssystem erkennt das jeweilige Gerät an seiner vom Hersteller vergebenen Vendor / Geräte ID und lädt automatisch den entsprechenden Treiber oder führt ggf. eine Treiberinstallation durch (s. Kap. 6.2).

2.2. Die Datenübertragung

Alle Aktvitäten gehen bei der Datenübertragung vom PC aus. Daten werden in kurzen Paketen (8 bis 256 Byte) versendet und empfangen.

Der gesamte Datenverkehr hat einen Rahmen von einer Millisekunde. Innerhalb eines Rahmens ist es möglich, nacheinander mehrere Geräte zu verarbeiten. Dabei können Lowspeed- und Fullspeed-Pakete zusammen vorkommen. Werden mehrere Geräte angesprochen, sorgt ein Hub für die entsprechende Weiterleitung der Daten. Er verhindert auch, dass Fullspeed-Signale an Lowspeed-Geräte weitergeleitet werden.

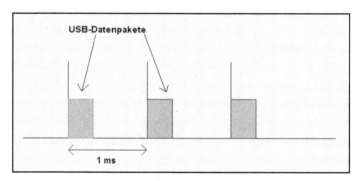

Abb.1 USB-Datenpakete

Die Datenrate einer Low-Speed-Verbindung liegt bei 1,5Mb/s, die eines High-Speed Signals bei 12Mb/s. Diese Geschwindigkeiten werden vom Master vorgegeben. Die jeweiligen Geräte empfangen durch Synchronisation den für sie bestimmten Datenstrom. Es gibt Verfahren, die verhindern, dass die Synchronisierung verloren geht.
All diese Vorgänge werden allein von der jeweiligen Hardware des USB-Chips übernommen.

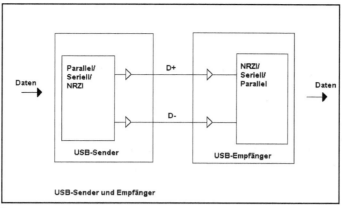

Abb.2 Datentransfer

2.2.1. Tranferarten

USB-Geräte können auf vier unterschiedliche Arten mit dem PC Daten austauschen (vgl.[2]).

1. **Control-Transfer:** Zur Steuerung der Hardware werden Control-Requests verwendet. Sie arbeiten mit hoher Priorität und mit automatischer Fehlerüberwachung. Die Übertragungsrate ist hoch, da bis zu 64 Bytes in einem Request übertragen werden können.

2. **Interrupt-Transfer:** Von Geräten verwendet, die periodisch kleine Mengen an Daten liefern, wie z.B. Mäuse und Tastaturen. Dies geschieht dadurch, dass das Gerät periodisch, etwa alle 10 ms, nach neuen Daten fragt. Im Allgemeinen werden bis zu 8 Bytes übertragen.

3. **Bulk-Transfer:** Für größere Datenmengen, die eine Fehlerüberwachung benötigen, die aber nicht zeitkritisch sind. Beispiele sind Drucker und Scanner.

4. **Isochronous-Transfer:** Große Datenmengen mit einer definierten Datenrate, wie z.B. für Soundkarten. Es wird eine bestimmte Datenrate garantiert. Fehlerkorrektur findet nicht statt, da einzelne Übertragungsfehler weniger schlimm sind als Lücken in der Übertragung.

Für Anwendungen im Bereich Steuerungs- und Regelungstechnik bietet sich besonders der Control-Transfer an, bei dem hohe Datensicherheit mit hoher Übertragungsgeschwindigkeit gekoppelt werden.

2.2.2. BUS Topologie

Der USB Bus hat die als "Sternverteilung" bekannte Topologie. Den Sternpunkt bildet der USB-Root-Controller. Er ist meistens auf dem Mainboard angebracht. Eine der vielen Anschlussmöglichkeiten, vom Root-Controller ausgehend, zeigt folgende Grafik :

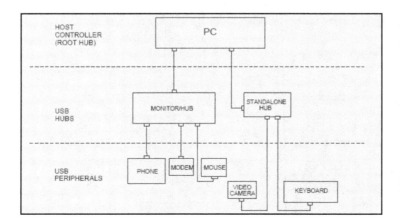

Abb.3 Bus-Topologie

2.2.3. Kommunikationsmodell und Endpoints

Den Kern des Kommunikationsmodells bildet der USB Host (z.B. der Root-Controller im PC), der als Master arbeitet. Er verwaltet alle Aktivitäten auf den Datenleitungen, die an dem Port angeschlossen sind. Man nennt diese Form der Kommunikation "Host-Based-Comunication".

Ablauf der Kommunikation:
- Der Host initialisiert alle 1ms ein SOF (start of a frame).
  Mit dieser Information werden Datenpakete von bis zu 255Bytes versendet.
  Das gesendete Frame enthält auch Daten über:
    o Traffic
    o Typ der Übertragung
    o Bandbreite (von der Peripherie angefordert).

Wenn ein USB Gerät einen Transfer initialisiert, fragt es bei der USB-Systemsoftware auf dem Host (PC) an. Der Host akzeptiert die Übertragung oder lehnt sie ab. Wird der Transfer angenommen (ACK), wird eine Routine mit Handshaking und Startparametern abgearbeitet. Bei einer Ablehnung durch den Host (NAK) wird dies dem USB-Gerät gemeldet, und das Gerät wiederholt seine Anfrage, bis der Host die Daten annimmt und ein ACK zurücksendet.

Endpoints :

Ein zentraler Punkt im USB Kommunikationsmodell ist die Datenübertragung mit Pipes zwischen Host und Peripherie. Diese Pipes können weiter heruntergebrochen werden auf die sog. „small Pipes". Jede „small Pipe" benötigt für jeden Datentyp eine noch „kleinere" „Tiny Pipe". Jede „Tiny Pipe", genannt **Endpoint**, trägt einen einmaligen Datentyp, der für die Kommunikation zwischen dem USB-Gerät und dem Host erforderlich ist.

Ein Multimedia-USB-Device z.B. hat mehrere parallele Endpoints für:
- Sprache (isochronus Transfer)
- Daten (Bulk Transfer)
- Setup Informationen (Control Transfer).

Der AN2131 Chip hat insgesamt 31 Endpoints zur Verfügung. Siehe [4]

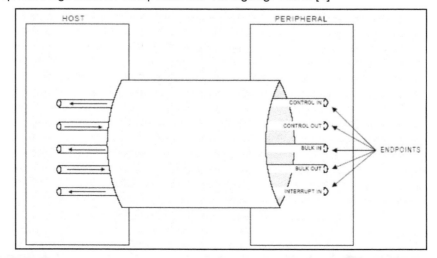

Abb.4 Bus-Topologie

2.2.4. Enumeration / Renumeration

Der Prozess des Anmeldens eines USB Gerätes nennt man Enumeration. [7]

Enumeration ist ein Feature der EZ-USB Familie. Der Begriff ist von der Firma Cypress geprägt und versteht das erneute Konfigurieren eines USB-Gerätes während der Laufzeit incl. des Hochladens neuer Firmware auf den Chip.

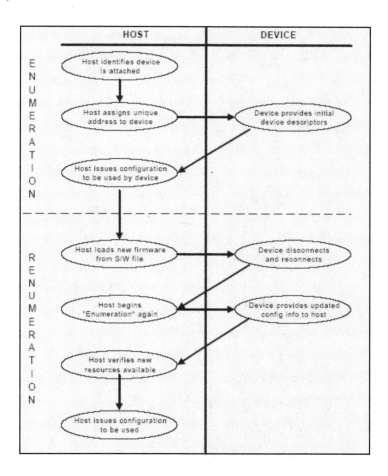

Abb.5 Enumeration /
Renumeration

3. Verschiedene USB –Controller

3.1.   Gegenüberstellung unterschiedlicher Controller

Es steht eine große Anzahl an USB Bausteinen zur Verfügung. Für jede spezifische Anwendung kann der richtige Baustein hinsichtlich der folgenden generellen Anforderungen ausgewählt werden:

- Kosten
- Komplexität der an den Chip gestellten Aufgaben
- Endpreis des Gerätes
- Anforderungen an den Chip

Nachfolgend sind einige Bausteine von verschiedenen Herstellern und deren Eigenschaften zusammengefasst [3].

Hersteller	Bezeichnung	Eigenschaften
AMD	AM186CC	186-basierend mit 2 UARTS, 1 SPI, 12 DMA Kanälen, USB-Peripheral and 4HDLC-Kanälen
	AM186CU	gleiches Modell wie CC aber ohne HDLC Kanäle
Atmel	AT76C711	USB-Controller mit Anpassung auf schnelle serielle Schnittstellen (Netzwerk/IRDA) / AVR
	AT8xC5131	USB mit 8051 Architektur und allen notwendigen Schnittstellen / Flash
	AT43USB320A	USB Hub mit AVR Mikrocontroller
	AT43USB326	USB Keyboard-Controller mit AVR Architektur
	AT43USB353M	AVR mit USB Schnittstelle, ADC, PWM nur maskenprogrammierbar
	AT43USB355	AVR mit USB Schnittstelle, ADC, PWM Pingleich mit …353M, Programmierung über externes EEPROM/Flash
Cypress	AN2131	USB mit 8051 Architektur und allen notwendigen Schnittstellen, über USB programmierbar
	AN2720SC-01	USB zu USB Chip, dient zur USB Kommunikation zwischen zwei PC's
	CY7C64603	überarbeitete Version von AN 2131 mit zusätzlich DMA, GPIF und Memory extention
	CS5954AM	maskenprogrammierbarer Controller mit allen Funktionen des CY7C64603 aber 16bit Risc Architektur
	SL11R-(DIE)	USB – IDE(Atapi) Controller, maskenprogrammierbar
	SL811S	USB-Interface zum Anschluss an weitere Mikrocontroller
	CY7C64013	8-bit Risc-Controller mit PROM und DAC
	CYC7C63001A	USB-Interface mit EPROM ,OTP weiterer Mikrocontroller notwendig
Infinion	SAB-C541U-1EN	OTP mit 8K ROM, SPI
Microchip	PIC16C745	PIC Risc-Architektur mit USB und EPROM, 5xADC 8-bit, 22 I/O
	PIC16C765	wie 745 nur 8xADC 8-bit, 33 I/O
Motorola	68HC705JB3	Motorola Architektur mit Lowspeed USB, OTP
	68HC908JB8	Motorola Architektur mit Flash, nicht mit USB programmierbar
Philips	ISP1181-A	USB Interface für IDE
SMSC	USB97C102	USB Controller mit ISA/DMA Funktion mit 8051Kern
ST Microelectronics	ST72611F1M1	Low-Speed-Controller mit maskenprogrammierbarem ROM
	ST72621J4T1	Low-Speed-Controller mit maskenprogrammierbarem ROM
Texas Instruments	TUSB 3210	Full-Speed-Controller mit 8052-Architektur, GPIO, I²C, mit 8 Kbyte RAM oder ROM

Abb. 6: verschiedene USB Bausteine

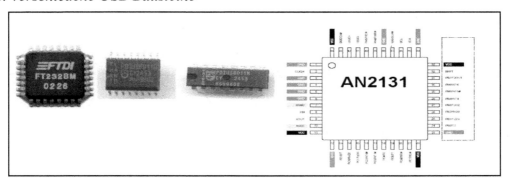

Abb. 7 Ausführung USB – Bausteine

3.2. Der AN2131

Bei meiner Studienarbeit habe ich einen Baustein dieses Typs verwendet und werde ihn im Folgenden grundlegend erläutern. Eine vollständige Dokumentation findet sich unter Lit. [4].

Der USB-Chip besteht aus folgenden intern angelegten Blöcken:

- USB Anschluss:
  Der Anschluss des Chips erfolgt über einen Standard USB Anschlussstecker. Die Datenleitungen D+ und D- sind 1:1 mit dem PC-Anschluss über ein genormtes Standard-Anschlusskabel zu verbinden.

- USB Tranceiver:
  An dem USB Transceiver sind die USB Datenleitungen D+ und D- angeschlossen. Er übermittelt die Daten.

- Die SIE (Serial-Interface-Engine) :
  Die SIE decodiert und codiert alle USB Daten und übernimmt die Fehlerbehandlung, wenn Signale nicht korrekt eingetroffen sind. Sie übernimmt außerdem „Bit stuffing" und andere Signalverläufe im Detail, die für den Datenverkehr wichtig sind.

- Der 8051 Mikroprozessor-Kern mit Programm- und Datenspeicher:
  Der Mikroprozessor enthält einen internen Speicher zum Ablegen des Programmcodes (Codesegment) und einen internen Datenspeicher (Datensegment) zum Ablegen von Informationen wie z.B. Inhalten von Variablen in einem Programm.

  Die Adressierung erfolgt wie in folgender Grafik dargestellt:

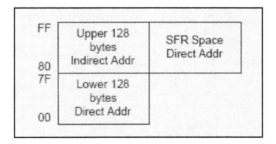

Abb.8 AN2131-8051 Adressierung

- Die Mikroprozessor IO – Ports
  Der 8051-Chipkern hat 3 IO Ports zu je zwei 8-Bit- und einem 2-Bit-Port. Die Adressierungsarten können aus [4] entnommen werden.

Übersicht des internen Aufbaus :

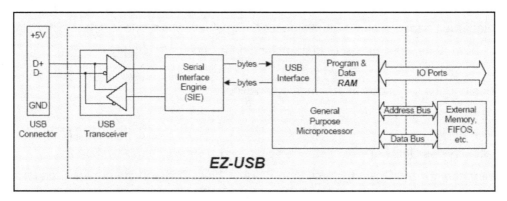

Abb. 9 interner Aufbau AN2131-Chip

3.3.   Ein einfaches Programmbeispiel

Der nachfolgende Quellcode wird mit Hilfe des Programms „Keil µVision2" kompiliert und mit dem „EZUSB-Control-Panel" aus dem Cypress – DK auf den Chip geladen. Die genaue Vorgehensweise wird in Abschnitt 5 näher erläutert.

Es ist hiermit möglich, eine einfache Datenausgabe an einem Port des AN23131 zu erreichen. Die ausgegebenen Daten können über eine LED-Zeile angezeigt werden.

```
;***********************************************************************
;* Programmbeschreibung : Ausgabe des Wertes 132 an den Port.C des AN2131SC   *
;* Autor                : Niko Cyris, Matr. Nr. 362706 Göttingen Fakultät FNT  *
;*                      : Outport.ASM                                          *
;* Datum                : 14.05.2004                                          *
;*                                                                            *
;***********************************************************************
; Initialisierung

OEC               DATA    07F9Eh              ; Port C Control Register
PORTC             DATA    07F9Bh              ; Port C Adress

mov     DPTR,   #OEC                          ; Port C OUTPUT ENABLE
mov     A,      #0h
movx    @DPTR,  A

; Hauptprogramm

mov     DPTR,   #PORTC                        ; Schreibe den Wert 132 an den Port C
mov     A,      #132D
movx    @DPTR,  A

Jmp $                                         ; Endlosschleife
End.
```

Codebeisp. 1 Outport.asm

Die im Codebeispiel 1 angegebene Initialisierung der Ports kann aus dem Datenblatt des AN2131 [4] entnommen werden.

7F95	PORTCCFG	Port C Configuration	RD	WR	T1	T0	INT1	INT0	TxD0	RxD0	00000000	RW	0=port, 1=alt function
	Input-Output Port Registers												
7F96	OUTA	Output Register A	OUTA7	OUTA6	OUTA5	OUTA4	OUTA3	OUTA2	OUTA1	OUTA0	00000000	RW	
7F97	OUTB	Output Register B	OUTB7	OUTB6	OUTB5	OUTB4	OUTB3	OUTB2	OUTB1	OUTB0	00000000	RW	
7F98	OUTC	Output Register C	OUTC7	OUTC6	OUTC5	OUTC4	OUTC3	OUTC2	OUTC1	OUTC0	00000000	RW	
7F99	PINSA	Port Pins A	PINA7	PINA6	PINA5	PINA4	PINA3	PINA2	PINA1	PINA0	xxxxxxxx	R	
7F9A	PINSB	Port Pins B	PINB7	PINB6	PINB5	PINB4	PINB3	PINB2	PINB1	PINB0	xxxxxxxx	R	
7F9B	PINSC	Port Pins C	PINC7	PINC6	PINC5	PINC4	PINC3	PINC2	PINC1	PINC0	xxxxxxxx	R	
7F9C	OEA	Output Enable A	OEA7	OEA6	OEA5	OEA4	OEA3	OEA2	OEA1	OEA0	00000000	RW	0=off, 1=drive
7F9D	OEB	Output Enable B	OEB7	OEB6	OEB5	OEB4	OEB3	OEB2	OEB1	OEB0	00000000	RW	0=off, 1=drive
7F9E	OEC	Output Enable C	OEC7	OEC6	OEC5	OEC4	OEC3	OEC2	OEC1	OEC0	00000000	RW	0=off, 1=drive
7F9F		(reserved)											

Tab. 1 Port-Konfiguration

4. Ein EZUSB-Interface mit EEPROM

4.1. Grundlegendes

Als eine Kernaufgabe meiner Arbeit habe ich mir zum Ziel gesetzt, eine Möglichkeit zu entwickeln, mit der man mehrere kleine, kostengünstige Interfaces mit Steuer- und Messaufgaben an einem PC betreiben und einzeln ansteuern kann.

Um dieses zu ermöglichen, wurde eine universell einsetzbare Interfacekarte mit 2 IO- Schnittstellen und einem EEPROM entwickelt. Die Funktion der Platine und deren Aufbau werde ich in den folgenden Absätzen kurz beschrieben.

4.2. Aufbau und Funktion

Das Interface besteht aus 3 Baugruppen, die auf einer doppelseitigen Platine zusammengefasst sind:

- Der USB-Chip AN2131SC
- Ein EEPROM zur Enumeration der Platine mit Vendor/Geräte- ID
- Die als Pfostenstecker herausgeführten IO Schnittstellen.

Die gesamte Beschaltung entspricht im Wesentlichen der Grundschaltung, wie sie von Cypress vorgegeben wird und ist aus [4] zu ermitteln. Auch im Elektor-Artikel [5] ist eine Schaltung zu sehen.

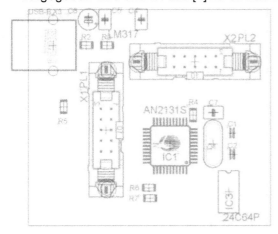

Abb. 10 Bestückungsplan

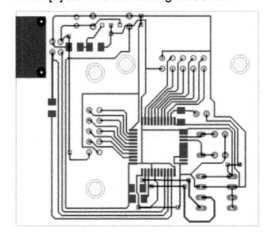

Abb. 11 Leiterplattenlayout

Einen ausführlichen Schaltplan habe ich dem Anhang meiner Arbeit beigefügt.

4.2.1. Die IO – Ports

Die IO-Ports-B und -C des AN2131 sind auf Pfostensteckern herausgeführt.

Abb.12 Draufsicht Platine

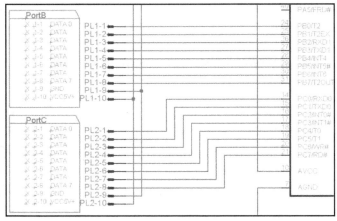

Abb.13 Portbelegung

4.2.2. Das EEPROM

Das EEPROM dient zur Identifikation des USB Gerätes. Auf ihm wird die Gerätespezifische Vendor ID und die Geräte-ID (engl.Device-ID) in Form einer HEX-Datei gespeichert. Die HEX Datei ist folgendermaßen aufgebaut :

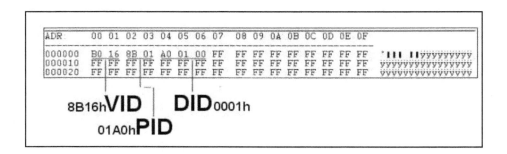

Abb14. EEProm / Aufbau der HEX Datei zur Enumeration

5. Die EZUSB – Programmmierung

5.1. Programmiertools und Vorgehensweise

Die Programmierung des AN2131 USB Controller gliedert sich grob in folgende Punkte:

- *Erstellen eines Programms für den 8051 – Prozessorkern zur Lösung einer spezifischen, dem Chip zugedachten Aufgabe.*

Dieses Programm wird üblicherweise in der Programmiersprache C oder Assembler in der „µVision" Entwicklungsumgebung von Keil, die dem USB Development-Kit von Cypress beiliegt, geschrieben und kompiliert. Ist nach dem Compilieren eine HEX Datei erzeugt worden, wird diese mit dem Tool „EZUSB Control-Panel" (ebenfalls in dem USB-DK enthalten) mittels der Funktion „Downlaod" auf den AN2131 geladen und automatisch gestartet.

Ein Beispiel für ein solches Programm ist in Abschnitt 3.3 zu sehen.

- *Entwicklung einer PC-Software, die auf die resultierenden Daten von dem 8051 Programm zugreift und sie weiterverarbeiten kann.*

Diese Programme erzeugen einen Device-Decriptor und greifen über einen Treiber auf den Chip zu. Es kann angegeben werden, auf welche Speicherzelle bzw. welchen Port das Programm (in den meisten Fällen ein C++ Programm) Einfluss haben kann. Die Daten können dann beliebig verwendet werden. Auch Änderungen der Datenspeicherzellen auf dem Chip sind möglich (s. 5.2 ff).

5.2. Eine Abfrage des IO Ports in C++

Das folgende Beispiel bringt noch nicht sehr viel Funktionalität. Auch ein Maschinenprogramm für den 8051 Chip ist noch nicht notwendig, da Signale die an einem IO-Port des 8051-Prozessors anliegen, in einen kleinen Zwischenspeicher geschrieben werden und dieser direkt von dem folgendem Programm adressiert wird (s. IN/OUT Register [4]).

```
//*******************************************************************************
//* Programmbeschreibung : Lesen eines Werts an dem Port.C des AN2131SC        *
//* Autor                : Niko Cyris, Matr. Nr. 362706 Göttingen Fakultät FNT  *
//*                      : ReadPort.C                                           *
//* Datum                : 14.05.2004                                          *
//*                                                                            *
//*******************************************************************************

#include <stdio.h>
#include <windows.h>

typedef unsigned char UInt8;
typedef unsigned shortUInt16;
typedef unsigned long UInt32;

struct VENDOR_REQUEST_IN {              // Request für den USB Chip
        UInt8 bRequest;
        UInt16 wValue;
        UInt16 wIndex;
        UInt16 wLength;
        UInt8 direction;
        UInt8 bData;};

struct VENDOR_REQUEST_IN myRequest;     // Referenz auf den Request erzeugt
```

```
HANDLE DeviceHandle=0;                          // Device Handle einrichten
HANDLE TemplateHandle;
int bResult;
UInt8 puffer[3];                                // Puffer anlegen für ausgelesenen Daten
UInt32 nbytes;

int main( void ) {
        myRequest.bRequest=0xa0;                // 8-Byte Setup-Data Register
        myRequest.wValue=0x7f99;                // Auslesen an Adfresse 0x7F99h
        myRequest.wIndex=0;                     // Start bei Index 0
        myRequest.wLength=3;                    // Länge des Bytestreams der gelesen wird->3Bytes
                                                // Puffer-Vatriable
        myRequest.direction=1;                  // Direction : 1 = Lesen 0 = Schreiben
        myRequest.bData=0;                      // evtl. Zu sendende Daten

// Erstellen des DeviceHandle

    DeviceHandle= CreateFile("\\\\.\\ezusb-0",GENERIC_WRITE | GENERIC_READ,FILE_SHARE_WRITE |
                FILE_SHARE_READ,NULL,OPEN_EXISTING,0,TemplateHandle);
        if(DeviceHandle!=0) printf("DeviceHandle: %d\n",DeviceHandle);

// Öffnen

bResult=DeviceIoControl(DeviceHandle,0x00222014,&myRequest,10,puffer,4,&nbytes,NULL);

// Device Handle wieder schließen

        CloseHandle(DeviceHandle);

// Ausgabe der Werte

        printf("bResult: %d\n",bResult);
        printf("Port A: %d\n",puffer[0]);
        printf("Port B: %d\n",puffer[1]);
        printf("Port C: %d\n",puffer[2]);
        return 0;
}
```

Codebeisp. 2 ReadPortC.C (Projekt: ReadPort.DSW)

5.3. Setzen des IO-Ports in C++

In diesem Beispiel wird der IO Port des 8051 gesetzt. D.h. wir kehren die Richtung des Datentransfers bezogen auf das obige Beispiel um.

Ein Assembler Programm wird eingesetzt, um die Daten vom USB-Teil des Chips zu lesen und an den Port weiterzugeben. Das manuelle Hochladen des Programms auf den Chip erfolgt wie in Punkt 5.1 beschrieben. Die Funktion dieses Beispiels kann sehr gut mit der LED-Zeile getestet werden.

a) Der Assembler Code

Erstellt wird dieser Quellcode wie bereits in Punkt 5.1 angesprochen mit der Entwicklungs-umgebung "µVision" von Keil. Er liest ein Datenbyte aus dem Endpoint-Buffer 00Ah und sendet es an den PortC des 8051.

```
;***********************************************************************************
;* Programmbeschreibung : Setzen eines Wertes und Schreiben an Port.C des AN2131SC*
;* Autor                : Niko Cyris, Matr. Nr. 362706 Göttingen Fakultät FNT     *
;*                      : SetPort.ASM                                             *
;* Datum                : 14.05.2004                                             *
;*                                                                               *
;***********************************************************************************

    Start :
```

```
mov DPTR,#7F9E              ; Output Enable = $7F9E
mov A,#FF
mov A,@DPTR

mov DPTR,#7F98h            ; Output Register = 7F98
mov A,#00                  ; Ausgabebyte an Adr. 000A vom USB lesen
movx @DPTR,A               ;Ausgabebyte an Port schreiben
LJMP Start                 ; Erneutes lesen und setzen des Ports
```

Codebeisp. 3 SetPort.asm

b) Der C++ Code

Um das an den Port zu sendende Datenbyte vom PC an den USB-Chip zu senden, ist
es erforderlich die VENDOR_REQUEST - Struktur zu ändern, damit der Chip nun von dem Lesen
von Daten auf Datenempfang „umschalten" kann.

Der modifizierte Request ergibt sich wie folgt:

```
    myRequest.bRequest=0xA0;
    myRequest.wValue=0x000A;      // Daten schreiben an Endpoint 00A0h
    myRequest.wIndex=0;           // Starten bei 0
    myRequest.wLength=0x01;       // 1 Byte schreiben
    myRequest.direction=0;        // Daten werden geschrieben , weil → 0
    myRequest.bData=0x00;         // zu sendende Daten auf 0 setzen


// Den Wert Wert der an Port C gesendet werden soll

    myRequest.bData = 255;

// Daten mit oben angegebenen Request senden.

    bResult=DeviceIoControl(DeviceHandle,0x00222014,&myRequest,10,NULL,0,&nbytes,NULL);
    printf("\n OUT BYTE _ bResult: %d\n",bResult);
    EZclose();
```

Codefragment 1 aus Codebsp. 4 SetPort.Cpp

5.4.   Beispiel eines Datentransfers vom AN2131 zum Windows-PC

Bei manchen Problemstellungen (z.B. AD/DA Wandlung mit Datenlogger oder Zeitmessverfahren) ist
es nötig, ganze Datensätze in den USB-Chip zwischenzuspeichern und bei Bedarf die Daten
auszulesen. Dies ermöglicht eine entsprechende Konfiguration des Vendor-Requests. Datensätze von
bis zu 256 Bytes ab einer Adresse im Datenspeicher des 8051 können bei jeder einzelnen Abfrage
übermittelt werden.

Um einen Puffer mit den Daten zu füllen hat der Request folgenden Aufbau:

```
myRequest.bRequest=0xa0;            // 8-Byte Setup-Data Register
myRequest.wValue=0x300;             // Auslesen ab Adfresse 0x300h
myRequest.wIndex=0;                 // Start bei Index 0
myRequest.wLength=64;               // Länge des Bytestreams,. Hier 64 Bytes lesen
myRequest.direction=1;              // Direction : 1 = Lesen 0 = Schreiben
myRequest.bData=0;                  // evtl. Zu sendende Daten
```

Codefragment 2

Nach dem Öffnen einer Kommunikationsverbindung (s. Codebeispiel 2) liest das Programm 64 Bytes Adressinhalt auf einmal ab der Adresse =x300h aus.

5.5. Aufspielen eigener Firmware auf den AN2131 aus einer C++ Funktion

Wie im Kapitel 5.1 beschrieben ist es möglich, das fertig kompilierte Assembler Programm mittels HEX Datei auf den Chip zu laden. Hierzu habe ich das Prigramm "EZUSB-Control-Panel" verwendet. Allgemein verwendbar ist diese Vorgehensweise aber bei einem fertigen Produkt nicht. Der Kunde kann nicht eigenmächtig erst die Firmware auf das Gerät spielen, bevor es ordnungsgemäß funktioniert.
Daher kann eine HEX – Datei im BIN Format direkt aus einer C++ Funktion auf den 8051 im USB-Chip geladen werden.
Die Methode ist die gleiche wie das Setzen der Speicheradresse 00Ah in Kapitel 5.3. Der Unterschied besteht im Request. Kompilierte Binärwerte des Assembler-Programms werden in einem Puffer gespeichert und danach auf den Chip übertragen.

Vorteile dieser Verfahrensweise :

- einfache Updatemöglichkeit des Produktes
- Programmeprom mit Programmierschnittstelle entfällt → geringere Kosten

Der Request wird wie folgt aufgebaut und mit folgenden Werten initialisiert:

```
// Devicehandle einrichten

DeviceHandle= CreateFile("\\\\.\\mysys-0",GENERIC_WRITE | GENERIC_READ,FILE_SHARE_WRITE |
FILE_SHARE_READ,NULL,OPEN_EXISTING,0,TemplateHandle);

// Offset 0 setzen

download_control.offset = 0;

// Download - Request einrichten

        myRequest.bRequest=0xA0;
        myRequest.wValue=0x000A;
        myRequest.wIndex=0;
        myRequest.wLength=0x01;
        myRequest.direction=0;
        myRequest.bData=0x00;


// Daten senden und danach Devicehandle schließen
bResult=DeviceIoControl(DeviceHandle,0x00222014,&myRequest,10,NULL,0,&nbytes,NULL);
printf("\n OUT BYTE _ bResult: %d\n",bResult);
EZclose();
```

Codefraggment 3 aus Codebsp.4 SetPort.Cpp

Im letzten Kapitel meiner Studienarbeit werde ich dieses Verfahren in dem Programmbeispiel in JAVA nochmals ansprechen und detailliert beschreiben.

6. USB Treiberprogrammierung

6.1. Grundlegendes

Die Programmierung eines Treibers erfordert sehr viel Wissen über das einzusetzende Betriebssystem eines Computers, einer Programmiersprache und über das Produkt, das über den Treiber mit dem Rechner kommunizieren soll.
Daher werde ich in diesem Abschnitt nur kurz darauf eingehen, wie ein Treiber konzipiert wird, und wie ein bestehender Open-Source Quellcode für eigene Anwendungen verändert werden kann, so dass für jeden eingesetzten USB-Chip ein beliebiger Treiber zur Verfügung steht.

6.2. Die Vendor- und Geräte-ID

Bislang habe ich die Vendor- und Geräte -ID nicht näher beschrieben.

Grundsätzlich dienen die verschiedenen IDs dazu, die einzelnen USB-Geräte von einander zu unterscheiden. D.h. auch der zu erstellende Treiber muss diese IDs als Information haben, um aktiv zu werden. Auch für das Betriebssystem sind die IDs wichtig. Sie sorgen dafür, dass der jeweilige Treiber geladen oder ggf. installiert wird.
Die Vendor ID ist weltweit eindeutig. Sie muss bei USB.ORG beantragt werden, wenn ein Gerät auf den kommerziellen Markt erscheint.
Da der Erwerb einer ID teuer ist und bei dieser Arbeit kein Gerät zum Verkauf angeboten werden soll, habe ich eine ID "erfunden". Es kann dadurch u.U. zu Gerätekonflikten mit anderen angeschlossenen USB-Geräten kommen, jedoch ist die Wahrscheinlichkeit sehr gering.

6.3. Das Driver-Development-Kit (DDK)

Um unter Windows einen Treiber zu erstellen, ist es notwendig, den entsprechenden Quellcode (C++) mit dem DDK zu kompilieren. Bei dieser Arbeit habe ich das Windows 2000 DDK gewählt (s. Anhang).

In dem Elektor-Artikel [6] wurde bereits beschrieben, wie man den Quellcode eines Treibers abändert und kompiliert. Daher möchte ich auf eine zweite detaillierte Schilderung an dieser Stelle verzichten.

Ein fertiger Treiber mit EEPROM-Hex Datei befindet sich auf der CD im Anhang.

Allerdings ergeben sich möglicherweise einige Probleme mit der DDK 2000 unter Windows XP und NT, bis der Quellcode fehlerfrei kompiliert wird. Einige Probleme, die während meiner Arbeit aufgetreten sind, werde ich in Abschnitt 6.6 kurz ansprechen.

6.4.   Die Treiberdateien *.INF und *.SYS

Zu einem Windowstreiber gehören grundsätzlich zwei Dateien :

-    eine XX.INF Datei und
-    eine XX.SYS Datei.

Die INF Datei beinhaltet die Setup-Informationen für das Betriebssystem, welches kompilierte Treiber, nämlich die SYS Datei, installieren soll. Die Datei enthält auch andere Informationen z.B. für die Systemwiederherstellung oder für die Deinstallation des Treibers. Auch der Hersteller, die Vendor-ID und der Treibername werden angegeben.

Eine Beispieldatei aus dem selbst erstellten Beispieltreiber von der CD, die sich im Anhang befindet:

```
[Version]
Signature="$CHICAGO$"
Class=USB
provider=%Niko-Cyris-FH-Goettingen%
LayoutFile=layout.inf

[Manufacturer]
%Niko-Cyris-FH-Goettingen%=Niko-Cyris-FH-Goettingen

[Niko-Cyris-FH-Goettingen]
%USB\VID_8B16&PID_A001.DeviceDesc%=mysys.Dev, USB\VID_8B16&PID_A001

[PreCopySection]
HKR,,NoSetupUI,,1

[DestinationDirs]
mysys.Files.Ext = 10,System32\Drivers
mysys.Files.Inf = 10,INF
mysysDEV.Files.Ext = 10,System32\Drivers
mysysDEV.Files.Inf = 10,INF

[mysys.Dev]
CopyFiles=mysys.Files.Ext, mysys.Files.Inf
AddReg=mysys.AddReg

[mysys.Dev.NT]
CopyFiles=mysys.Files.Ext, mysys.Files.Inf
AddReg=mysys.AddReg

[mysys.Dev.NT.Services]
Addservice = mysys, 0x00000002, mysys.AddService

[mysys.AddService]
DisplayName     = %mysys.SvcDesc%
ServiceType     = 1                      ; SERVICE_KERNEL_DRIVER
StartType       = 2                      ; SERVICE_AUTO_START
ErrorControl    = 1                      ; SERVICE_ERROR_NORMAL
ServiceBinary   = %10%\System32\Drivers\mysys.sys
LoadOrderGroup  = Base

[mysys.AddReg]
HKR,,DevLoader,,*ntkern
HKR,,NTMPDriver,,mysys.sys

[mysys.Files.Ext]
```

```
mysys.sys

[mysys.Files.Inf]
mysysw2k.Inf


;---------------------------------------------------------------;
[Strings]
Niko-Cyris-FH-Goettingen="Niko-Cyris-FH-Goettingen"

USB\VID_8B16&PID_A001.DeviceDesc="Cypress EZ-USB USB-Interface Driver BY Niko Cyris FH-
Goettingen 01-05-2004"

;mysys.SvcDesc="Cypress General Purpose USB Driver (mysys.sys)"
```

Codebsp. 4 Eine Treiber INF-Datei.

Die SYS-Datei wird von dem Driver Development Kit nach dem entsprechenden Aufruf erzeugt (→
BUILD.EXE). Wie man eine SYS Datei etappenweise erstellt, werde ich im folgenden Abschnitt
stichpunktartig erläutern.

6.5. Treiber generieren

Die Erstellung eines Treibers gliedert sich in folgende Schritte:

- Schreiben des Quellcodes und der INF Datei
- Installation des DDK
- Kopieren aller erforderlichen Quellcodedateien in ein erstelltes Unterverzeichnis im DDK –
  Stammverzeichnis
- Setzen des DDK Environments mit "SETENV *DDK-Pfad* FREE" (→ siehe 6.6)
- Setzen des Environments für die *.DEF Dateien = SET NTMAKEENV=C:*DDK-Pfad*\BIN
- Aufrufen von BUILD.EXE im c:\ *DDK-Pfad*\BIN .
- Aufrufen von NMAKE.EXE im Treiberverzeichnis

Danach sollte bei erfolgreicher Kompilierung das Verzeichnis des Treibers die Unterverzeichnisse „lib"
und „obj" dazu gewonnen haben. Hier befindet sich die SYS-Datei als fertiger Treiber.
Wird nun ein USB-Gerät mit entsprechender in der INF Datei angegebener Vendor-ID angesteckt,
sucht Windows nach der entsprechenden INF Datei und installiert den dort angegebenen Treiber.

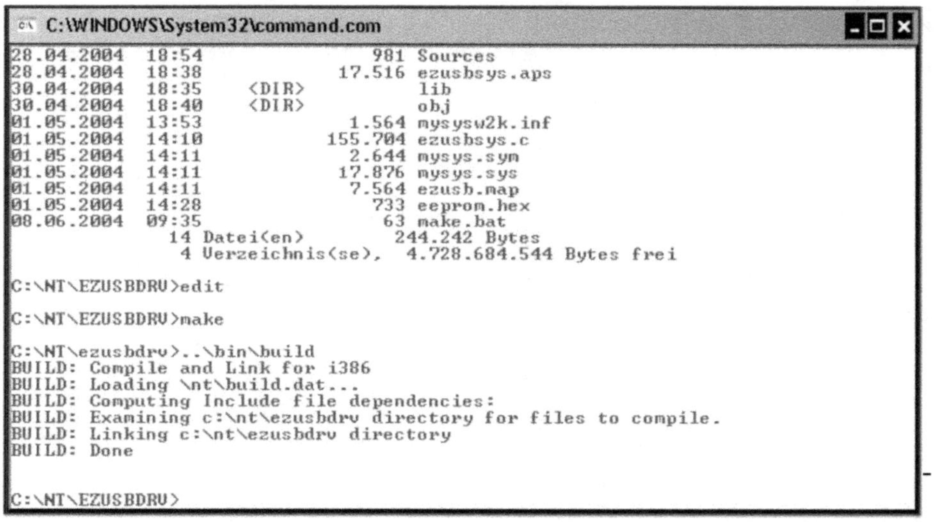

```
C:\WINDOWS\System32\command.com                                    _□×
28.04.2004   18:54              981  Sources
28.04.2004   18:38          17.516   ezusbsys.aps
30.04.2004   18:35    <DIR>          lib
30.04.2004   18:40    <DIR>          obj
01.05.2004   13:53           1.564   mysysw2k.inf
01.05.2004   14:10         155.704   ezusbsys.c
01.05.2004   14:11           2.644   mysys.sym
01.05.2004   14:11          17.876   mysys.sys
01.05.2004   14:11           7.564   ezusb.map
01.05.2004   14:28             733   eeprom.hex
08.06.2004   09:35              63   make.bat
               14 Datei(en)      244.242 Bytes
                4 Verzeichnis(se),  4.728.684.544 Bytes frei

C:\NT\EZUSBDRU>edit

C:\NT\EZUSBDRU>make

C:\NT\ezusbdrv>..\bin\build
BUILD: Compile and Link for i386
BUILD: Loading \nt\build.dat...
BUILD: Computing Include file dependencies:
BUILD: Examining c:\nt\ezusbdrv directory for files to compile.
BUILD: Linking c:\nt\ezusbdrv directory
BUILD: Done

C:\NT\EZUSBDRU>
```

Abb. 15 Treiber-
generierung

6.6. Eventuell auftretende Probleme

Fehler :	mögliche Lösung :
- Makefile.Def nicht gefunden	Die Umgebungsvariable wurde mit SETENV nicht gesetzt.
- SETENV erzeugt Fehler	Der Befehl DOSKEY ist unter Windows XP nicht kompatibel. Folgende Zeilen aus SETENV. BAT müssen ggf. angeglichen werden: (s. Doskey.exe /?)

```
doskey /macrofile=%BASEDIR%\bin\generic.mac
doskey /macrofile=%BASEDIR%\bin\ddktree.mac
goto end
:Win9x
doskey /echo:off /bufsize:6144
/file:%BASEDIR%\bin\ddktree.mac
doskey /echo:off /file:%BASEDIR%\bin\generic.mac
%BASEDIR%\bin\MkCDir %BASEDIR%
if exist %BASEDIR%\bin\ChngeDir.bat call
%BASEDIR%\bin\ChngeDir.bat
```

Fehler :	mögliche Lösung :
- ...*.H –Datei nicht gefunden	Ein häufiger Fehler, da die Pfade nicht bei allen DDK's gleich sind. Die fehlenden Header- Dateien müssen in den DDK-Verzeichnissen umkopiert werden.
- SETENV erzeugt Fehler:	Diese Fehlermeldung hat keinen Einfluss auf das korrekte Kompilieren des Treibers.

```
C:\NT\BIN>setenv c:\nt FREE
New or updated MSVC detected.
Der Befehl "ÿ¨♠" konnte nicht gefunden
werden.
C:\NT\BIN>
```

Fehler :	mögliche Lösung :
- BUILD erzeugt Fehler:	BUILD.EXE wurde nicht aus dem Verzeichnis ausgeführt, in dem die Treiberquellcodedateien stehen oder kann die zu kompilierenden Dateien nicht finden. Der Aufruf von Build sollte sich wie folgt ergeben.\BIN\BUILD.EXE

```
C:\NT\BIN>build
BUILD: Compile and Link for i386
BUILD: Loading \nt\build.dat...
BUILD: Computing Include file dependencies:
BUILD:
c:\nt\bin\makefile.def(1785):makefile.def
        invalid include statement: # include
        paths used for the pch.

BUILD: Saving \nt\build.dat...
BUILD: Done
C:\NT\BIN>
```

7. EZUSB Programmierung in JAVA

7.1. Grundlegende Probleme mit dem USB in JAVA

Das Problem, mit Java den USB Bus anzusteuern liegt in der Philosophie von Java. Mit der Programmiersprache sollten Programme erzeugt werden können, die möglichst plattformunabhängig laufen. Da es aber Unterschiede bezüglich des USB Bus auf verschiedenen Betriebssystemen gibt, ist eine direkter Zugriff nicht möglich. Außerdem sind zur USB-Programmierung verschiedene Datentypen erforderlich, die nicht bekannt sind und über DLL's zur Verfügung gestellt werden müssen.

Einen Ausweg bieten Hilfsklassen; über sie werden in C geschriebene DLL Komponenten angesprochen. Diese Hilfsklassen nennt man auch Wrapper Klassen.

7.2. Die Wrapper Klasse

Eine Wrapper Klasse muss lediglich über ihre Referenz Zugriff auf Funktionen einer DLL bieten, die in der Wrapper Klasse selbst mit dem Befehl System.load.library ("XXX.DLL"); eingebunden werden.

Programmbeispiel einer Wrapper-Klasse:

```java
public class JNIWrapper {
    static {
        System.loadLibrary("USBDRV");
    }
    public JNIWrapper() {
    }
    private native void open_method();
    private native void close_method();
    private native int readRam_method(int adresse);
    private native void writeRamBytes_method(int startadresse,int numberofbytes,     byte[]
bytes);

    public void open()
    {
        open_method();
    }
    public void close()
    {
        close_method();
    }
    public int readRam(int adresse)
    {
        return readRam_method(adresse);
    }
    public void writeRamBytes(int startadresse,int numberofbytes, byte[] bytes)
    {
        writeRamBytes_method(startadresse,numberofbytes,bytes);
    }
    public void reset() {
      byte eins[] = { (byte)1 };
      writeRamBytes_method (0x7f92, 1, eins);
    }
    public void prg_start() {
      byte _null[] = { (byte)0 };
      writeRamBytes_method (0x7f92, 1, _null);
    }
}
```

Codebsp.5 JniWrapper.java.

7.3.   Eine DLL für Java Anwendungen

Nach dem Erstellen der Wrapper-Klasse muss eine DLL Datei erzeugt werden, die die Funktionalität für die Wrapper Klasse enthält.

Die Header-Quellcodedatei der DLL Datei erzeugt man mit dem Tool JAVAH. Das Programm ist im Java-jdk 1.4\BIN enthalten. Der Aufruf geschieht wie folgt:

```
C:\JBuilderX\jdk1.4\bin>javah
Usage: javah [options] <classes>

where [options] include:

        -help                   Print this help message and exit
        -classpath <path>       Path from which to load classes
        -bootclasspath <path>   Path from which to load bootstrap classes
        -d <dir>                Output directory
        -o <file>               Output file (only one of -d or -o may be used)
        -jni                    Generate JNI-style header file (default)
        -old                    Generate old JDK1.0-style header file
        -stubs                  Generate a stubs file
        -version                Print version information
        -verbose                Enable verbose output
        -force                  Always write output files

<classes> are specified with their fully qualified names (for
instance, java.lang.Object).


C:\JBuilderX\jdk1.4\bin>
```

Die fertige Header-Datei ist nach dem Erstellen nicht mehr zu verändern. Sie dient als Vorlage, um die Funktionen entsprechend zu implementieren.

Die Header Datei hat folgendes Aussehen:

```
/* DO NOT EDIT THIS FILE - it is machine generated */
#include <jni.h>
/* Header for class JNIWrapper */

#ifndef _Included_JNIWrapper
#define _Included_JNIWrapper
#ifdef __cplusplus
extern "C" {
#endif
/*
 * Class:      JNIWrapper
 * Method:     close_method
 * Signature: ()V
 */
JNIEXPORT void JNICALL Java_JNIWrapper_close_1method
  (JNIEnv *, jobject);

/*
 * Class:      JNIWrapper
 * Method:     open_method
 * Signature: ()V
 */
JNIEXPORT void JNICALL Java_JNIWrapper_open_1method
  (JNIEnv *, jobject);

/*
 * Class:      JNIWrapper
 * Method:     readRam_method
 * Signature: (I)I
 */
JNIEXPORT jint JNICALL Java_JNIWrapper_readRam_1method
  (JNIEnv *, jobject, jint);

/*
```

```
 * Class:      JNIWrapper
 * Method:     writeRamBytes_method
 * Signature: (II[B)V
 */
JNIEXPORT void JNICALL Java_JNIWrapper_writeRamBytes_1method
  (JNIEnv *, jobject, jint, jint, jbyteArray);
#ifdef __cplusplus
}
#endif
#endif
```

Codebsp.6 generierte Header Datei mit JavaH.exe

Die Implementierung der Funktionen in eine C-Datei geschieht wie folgt :

```c
#include "USBDRV.H"
#include <stdio.h>
#include <Windows.h>
#include <jni.h>

typedef unsigned char UInt8;
typedef unsigned shortUInt16;
typedef unsigned long UInt32;
struct ANCHOR_DOWNLOAD_CONTROL {
     UInt16 Offset; };
struct VENDOR_REQUEST_IN {
     UInt8 bRequest;
     UInt16 wValue;
     UInt16 wIndex;
     UInt16 wLength;
     UInt8 direction;
     UInt8 bData;
};
HANDLE DeviceHandle;
HANDLE TemplateHandle;
UInt32 nbytes;




JNIEXPORT void JNICALL Java_JNIWrapper_open_1method
(JNIEnv * env, jobject foo_object){

DeviceHandle= CreateFile("\\\\.\\ezusb-0",GENERIC_WRITE | GENERIC_READ,FILE_SHARE_WRITE |
FILE_SHARE_READ,NULL,OPEN_EXISTING,0,TemplateHandle);
}
JNIEXPORT void JNICALL Java_JNIWrapper_close_1method
(JNIEnv * env, jobject foo_object) {
CloseHandle(DeviceHandle);
}
JNIEXPORT jint JNICALL Java_JNIWrapper_readRam_1method
(JNIEnv * env, jobject foo_object, jint valuee)
{
    UInt8 datapuffer[1];
    struct VENDOR_REQUEST_IN myRequest;
        myRequest.bRequest=0xa0;
        myRequest.wValue=valuee;
        myRequest.wIndex=0;
        myRequest.wLength=1;
        myRequest.direction=1;
        myRequest.bData=0;
        DeviceIoControl(DeviceHandle,0x00222014,&myRequest,10,datapuffer,1,&nbytes,NULL);
        return (jint)datapuffer[0];
}
// Write RAM BYTES !!!!
JNIEXPORT void JNICALL Java_JNIWrapper_writeRamBytes_1method(JNIEnv *env, jobject foo_jobject,
jint startadresse, jint numberofbytes, jbyteArray bytes)
{
    jbyte *cBytes = (*env)->GetByteArrayElements(env,bytes,0);
    struct ANCHOR_DOWNLOAD_CONTROL downloadControl;
    downloadControl.Offset=startadresse;

DeviceIoControl(DeviceHandle,0x0022206D,&downloadControl,sizeof(downloadControl),cBytes,number
ofbytes,&nbytes,NULL);
}
```

Codebsp. 7 C++ Programmimplementierung für DLL

Bei meiner Studienarbeit habe ich die entsprechenden Dateien mit dem zum freien Download stehenden Borland-Compiler BCC32.EXE kompiliert. (www.borland.com) .

Der Aufruf des Compilers erfolgt mit:

```
Set path=c:\borland\bcc55\bin
bcc32 -c -Ic:\jbuilderx\jdk1.4\include\win32 JNIWrapper.C
bcc32 -tWD JNIWrapper.obj
```

Das Ergebnis ist eine DLL Datei, die in das Programmverzeichnis der endgültigen JAVA Applikation kopiert werden muss.

7.4.   Ein Programmbeispiel

Zur Demonstration der oben angegebenen Verfahrensweisen und zum besseren Verständnis habe ich eine Anwendung geschrieben, die alle Funktionen inklusive das Hochladen von Assemblercode auf den Chip implementiert hat.
Ein UML-Diagramm als Beschreibung liegt im Anhang bei.

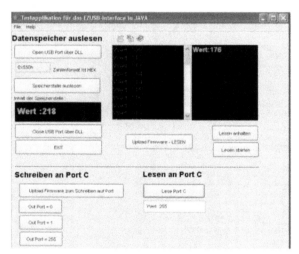

Abb. 16
JAVA Testsoftware

Die Software kann an einer angegebenen Speicheradresse (hier 550h) des USB-Chips Daten auslesen, sowie ein Assemblerprogramm auf den Chip laden und dessen Ausgabe permanent aus einem angelegten Thread in Abständen von 10ms lesen.

Das Assemblerprogramm schreibt nacheinander und timergesteuert Werte von 0 bis 255 in die angegebene Speicherstelle, die mit dem Button "Lesen starten" ausgelesen werden können.

Des Weiteren sind die Funktionen zum Erstellen und Beenden der Verbindung separat mit Buttons ausgeführt. Eine UML Darstellung der Software mit allen Funktionen liegt im Anhang bei.

- 24 -

8. Literaturverzeichnis

[1] http://ac16.uni-paderborn.de/arbeitsgebiete/messtech/elektro_grundlagen/usb/ entnommen am : 13.05.2004

[2] http://www.karl-grewe.de/ta/usbgrund.pdf 13.05.2004 entnommen am : 13.05.2004

[3] Eik Arnold, Diplomarbeit , Thema: Untersuchung der Implementierung und Programmierung von USB-Schnittstellen für die Übertragung von Daten und die Steuerung von Messaufbauten / TU Chemnitz.

[4] Cypress Semiconductor, Datenblatt: AN2131SC.PDF

[5] Müller, Markus und Ehmer, Christian : „USB für Alle I" in: Elektor Ausgabe 10/02, Elektor Verlag, Seite 72 bis 76

[6] Müller, Markus und Ehmer, Christian : „USB für Alle II" in: Elektor Ausgabe 11/02, Elektor Verlag, Seite 48 bis 53

[7] Informationsbroschüre : Quick and EZ Guide To USB, Cypres Semiconductors entnommen am : 13.05.2004 aus www.cypress.com

9. Bildnachweis

Abb.1	s. Literaturverzeichnis Nr.	[2]
Abb.2	s. Literaturverzeichnis Nr.	[2]
Abb.3	s. Literaturverzeichnis Nr.	[2]
Abb.4	s. Literaturverzeichnis Nr.	[4]
Abb.5	s. Literaturverzeichnis Nr.	[4]
Abb.6	s. Literaturverzeichnis Nr.	[3]
Abb.7	s. Literaturverzeichnis Nr.	[3]
Abb.8	s. Literaturverzeichnis Nr.	[8]
Abb.9	s. Literaturverzeichnis Nr.	[4]
Abb.10	selbst erstellt.	
Abb.11	selbst erstellt.	
Abb.12	selbst erstellt	
Abb.13	selbst erstellt	
Abb.14	selbst erstellt	
Abb.15	selbst erstellt	
Abb.16	selbst erstellt	

Tab.1	s.Literaturverzeichnis Nr.	[4]